Epaïnète Stachys ADJINAKOU

Notre évangile d'aujourd'hui

Epaïnète Stachys ADJINAKOU

Notre évangile d'aujourd'hui

Éditions Muse

Imprint
Any brand names and product names mentioned in this book are subject to trademark, brand or patent protection and are trademarks or registered trademarks of their respective holders. The use of brand names, product names, common names, trade names, product descriptions etc. even without a particular marking in this work is in no way to be construed to mean that such names may be regarded as unrestricted in respect of trademark and brand protection legislation and could thus be used by anyone.

Cover image: www.ingimage.com

Publisher:
Éditions Muse
is a trademark of
Dodo Books Indian Ocean Ltd., member of the OmniScriptum S.R.L Publishing group
str. A.Russo 15, of. 61, Chisinau-2068, Republic of Moldova Europe
Printed at: see last page
ISBN: 978-620-3-86506-6

Théâtre

Titre : Notre évangile d'aujourd'hui

Auteur : Epaïnète stachys ADJINAKOU

Personnages

Fériole

Marlaine

Anne et son époux

Le pasteur

Scène I

(Une femme, teint noir, presque grosse, assise en tailleur. Une autre femme, teint clair, mince, déboule sur la scène et commence la discussion.)

(Surprise) Mais qui vois-je là ? Fériole, ma chère amie d'à l'époque des couches ?

(Souriante) Bien évidemment, chère Marlaine, c'est bien elle, en os et en chair. Et dire que te reconnaitre m'a tellement donné du fil à retordre. J'ai failli démissionner, grandement j'écarquillais les yeux. T'as pris quelques kilos en mon

absence, ceux-ci t'ont métamorphosé, complètement réduit en balaine.

Et toi donc ma mie? Apparemment, ces dernières années t'ont changée de nationalité. Tu es maintenant tout Yovo.

Que te dire ? Ils adorent ça, les mecs, les femmes au corps clair, ils en raffolent tous. Lumière étincelante, à même de dissiper le noir de la nuit. Ils affluent sur le corps rouge comme voltigent sur la mangue pourrie des essaims de mouches.

Ça alors.

Sais-tu que le pari d'un mari se gagne très vite avec ma présente apparence ?

Sérieux ?

Ecoute, Ils pullulent, suppliant, larmoyant, pleurant, dans mon répertoire pour un simple rancard que j'abdique présomptueuse, les narguant à volonté.

Hum !

Et mieux, d'autres sont soumis à ma fantaisie. Ils courent la lune, et à présent, je le suis aussi. Depuis lors, ils vivent tributaires à mes désidératas. Ce que je dis, ils le font langue morte. Et s'il me plaisait une fois de la ressusciter, c'est pour qu'elle m'encense, me gave de compliments et d'éloge, me célèbre à tue-tête, louange l'éclatante beauté dont mon corps fait l'étalage. Vois-tu à présent la magie de la yovo que je suis devenue?

Bien sûre. Mais rien de tout de cela n'est impossible à la vraie béninoise au corps charbonnier que tu fus. D'ailleurs, toutes les femelles disposent en mains, au bas-ventre surtout, de quoi prendre revanche sur le mâle. Nous sommes capables de les faire roucouler dans la fange en boubou blanc. Même moi noir, peux faire cela. Si donc, c'est pour les mâles, il n'y a aucune urgence à se faire une nouvelle enveloppe pour leurs beaux yeux. Les soumettre, demande juste d'être femme, et être féminin, c'est être lascive et sensuelle.

Oui, ce n'est pas faux. Le vrai pouvoir féminin est au pays bas. Mais sache qu'avec l'apparence claire, nous battons le plein en matière de quantité. Les ignorants dominent le monde. Et ceux-ci sont naturellement attirés par la beauté physique. Ils adorent se montrer avec les go bien clair et super canon. Sais-tu même que pour ça, nous perdons beaucoup d'homme en Afrique ?

Ah bon !

Mais bien sûr

Et pourquoi ?

Naturellement parce qu'ils sont attirés par les blanches. Et je peux t'assurer que c'est la raison pour laquelle, je me suis offerte cette peau tant désirée par le biais des mécanismes chimiques.

En tous cas, je peux t'assurer que tu es toute rayonnante. Approche ma copine, on dirait que mon salon n'attendait que toi. Je me surprenais, le rendant agréable depuis l'aube.

Ne te dérange guère ma mie, la chaleur et moi sommes rivales. Là déjà suffit grandement; le vent que dégage ta cour m'accueille déjà comme une princesse.

D'accord ma chérie! Tu as vraiment fait peau neuve Louise ?

Trouves-tu autant ? Ce n'est pas une flatterie moqueuse j'espère ?

Quelle mauvaise langue tu es, toi. Abandonne aux détracteurs, les commentaires avilissants. Eblouissant, je te remarque. Tu m'envoies désolé ce n'être pas mâle pour te faire rapidement mère d'une équipe de football. Sans nulle autre réflexion, tu serais ma compagne de vie. Mais dommage !

Non, dédommage-toi très vite. Si ce n'est que ça, considère-moi comme ta propriété. L'amour doit se défendre, qu'il soit entre mâles, entre femelles, ou encore entre mâle et femme. Et déjà, à pas de gallot, le monde rompt avec cette forme unilatérale d'amour -Homme et femme-, considérée comme plus normal, plus divin. Au choix, l'amour contemporain est tripartite. Et chacun se doit de défendre sa paroisse. Si donc, tu es éprise, les portes de mon cœur sont grandement ouvertes pour t'accueillir dans une aventure lesbienne sans pareille.

(Souriante) Ton école d'humour m'intéresse.

Hum ! Humour ?

Oui, tu es subitement devenue Simone de Beauvoir et ses maintes ironies sur le sexe.

A l'exception que moi, l'humour m'indiffère. Je t'exprime là, une vérité désirée, une réalité apodictique en moi, découverte depuis peu. J'ai un penchant fort, si fort, très fort pour....

Baste, un penchant amoureux pour les femmes tu veux dire ? Abomination ! Stoppe moi ça, vite, très vite, immédiatement vite ! Sang de Jésus-Christ et de tous ses anges. J'invoque aussi, celui de tous les saints de la bible.

Ajoute celui de ton Pasteur pour couronner le tout.

Non, tout sauf lui ! Son apparence s'avère déjà trop squelettique. Avec une poche sanguine en moins, il sera tout dégonflé à l'image d'un ballon de baudruche sans air. Cela ne doit pas arriver ! Encore que je le désire pour époux.

Quoi ! Es-tu amoureuse de l'homme de Dieu ?

Bien sûr que je suis amoureuse de lui. Du moins, spirituellement et moralement. Le hic, c'est que rien rapportant à son physique ne m'émeut. Son apparence dégage certes un peu de laideur, mais son cœur, un réservoir de beauté. Son style vestimentaire, un peu tarabiscoté, à la limite inélégant, mais avec un comportement vertueux, d'une élégance sans précédent. C'est désormais ça, ma prédilection ma matière d'époux.

Ah bon ! Avec un tel portrait physique fait par toi-même? Je n'ose pas l'imaginer. Il a donc l'apparence d'un caïman…

N'exagère pas s'il te plait.

Non, pas du tout. Que peut-on penser d'un enfant dont les géniteurs portent plainte dans un commissariat? En principe, le linge sale se lave en famille dit-on. Ils sont sensés le couvrir et régler en tapinois leur différend. Mais s'ils l'étalent en public, c'est que la goutte d'eau a débordé le vase. Tu es aussi sensée couvrir de compliment ton soupirant. Mais si tu parles de lui en ces termes, c'est que Dieu ne nous a tous pas créé à son image. Puisqu'à contrario, Dieu, oui lui, je suis convaincu qu'il est très beau, trop mignon.

Il n'y a donc que le physique qui t'intéresse dans toute la présentation faite à son propos ? J'ai parlé de comportement, de richesse de cœur, d'honnêteté, de probité, d'éthique.

Nulle part le fond ne prend le pas sur la forme. On constate en amont la forme, et le fond vient en aval. Mais puisque nul n'est parfait et que Dieu seul est saint, qu'il soit pasteur, écolier-pasteur, prête, apprenti-prête, je lui trouverai des plaies morales. Ce seul pan ne me convainc donc pas, et je suis grandement abasourdie, que toi, toi qui a toujours roucouler entre les mecs les plus beaux du lycée en soit à vouloir épouser un ouakari (singe d'Amérique à tête chauve et toute rouge, fait parti du top5 des animaux les plus laids aux monde). Pourquoi cette décrépitude esthétique Marlaine?

La fidélité ma sœur, la fidélité. J'en ai baste, des tromperies, des trahisons, des coups bats, des mensonges, de la jalousie, de l'infidélité chronique des hommes. J'ai horreur qu'on me prenne pour une dupe, et qu'on m'offre en scène au batifolage, au double jeu des maitresses dans tous les coins de rue. Je veux mon homme, à moi uniquement, je ne demande rien de plus.

Ce pari est-il gagné avec ton pasteur ?

Probablement…

Quoi ! Probablement ! Te fais pas d'illusion ma chère. Ils sont tous pareils. Comme deux gouttes d'eau, ils se ressemblent et se complètent. Le premier te blesse. Pendant que tu en pleures, un autre apparait, te console un peu et t'essuie les larmes. En profondeur, très vite tu le laisses te découvrir parce qu'il a l'air plus sérieux que le précédent, alors qu'à la vérité, il est plus pervers. C'est un touriste, et le touriste ne stagne pas, il n'élie pas domicile. Il explore, use et déménage. Le deuxième, on tombe très vite dans son traquenard, très vite on baisse la garde, puisque le premier avait donné goût à quelque chose qui continue de stimuler, c'est le sexe. Après sa découverte, tel un cambrioleur, il disparait aussi. Place à une grande dépression. Un temps après, un autre loup se déguise en agneau pour rentrer dans l'écurie. Lui, il travaille à ne laisser l'ombre d'un seul doute. Les précédentes expériences aidant, avec lui, on garde bien fermé le temple de Dieu. Ce corps *(elle se regarde),* son temple reste pendant un moment bien protégé. Mais les plus rusés, au début, se montrent indifférents. Ils procèdent par simulation et par dissimulation. Simulant l'antipode de leur pensée et dissimulant leurs vraies idées. A tue-tête ils proclament ne rien vouloir d'impudique avant le mariage. Mais en sourdine, ils peaufinent toutes les stratégies pour emprunter le pas des précédents ravisseurs. Impuissante de nature que nous soyons, femmes, nous distribuons la confiance comme de petit pain. Le même scénario se reproduit. Il te visite aussi. Ceux-ci (les troisièmes amours) sont plus méchants. Pour en finir, Ils te rappellent l'historique des deux premiers ayant abusé de toi, estimant que lui, il ne peut épouser une veille chaussette précédemment utilisé à maintes reprises. Là, aussi, c'est l'erreur des femmes. Nous faisons souvent la grosse faute de leur narrer nos précédentes aventures. Ils en retiennent comme leur prénom et finissent toujours par s'en servi contre nous.

Apparemment, la lesbienne d'il y a quelque minutes en sait un peu trop sur les hommes, je pense...

Bien sûr que j'en sais beaucoup. Ne t'attends, à la fidélité nulle part. C'est un remède que tu ne trouveras chez aucun homme, ou seuls peut-être chez les handicapés. Aux hommes, l'infidélité est une tasse de thé. Leurs sexes sont à l'image d'une tontine, chaque week-end, une nouvelle fille ramasse. Je te parle là, d'immobilité et d'inconstance permanente. Leur attitude me sort par les yeux.

Voilà, tout cela justifie le fait que j'ai préféré mettre le grappin sur cet homme de Dieu qui en aucun cas ne se comporterait comme la grande masse coureur de jupon. C'est un homme d'église et en permanence, il est en compagnie des esprits saints. Il incarne la probité et tous ses corolaires moraux.

Mais tu me sembles un peu trop confiante sur les qualités de cet homme. Enfin, dis-moi, qu'est-ce qui te rassure autant, qu'il ne te fera pas un coup de cochon. Qu'est-ce qui te faire croire que comme tous les « mindor » il n'est pas là uniquement pour visiter ton jardin, en goûter les fruits et repartir comme un vil inconnu ?

Les mindor ! C'est qui les mindor...

Stupide fille ! Je me doutais que tu n'es nullement à la page des nouveaux langages. Les min - dor, ce sont les coucheurs, les coureurs de caleçon, sauteurs sans mariage. A l'antipode de ceux-là, il y a les minda, min-da. Ils sont les plus sérieux. Ceux sont ceux qui épousent réellement, dot à l'appui. Mais en fait, on peut déjà se faire la confidence qu'il n'y a plus vraiment trop de minda. Je doute donc, que ton pasteur soit un minda. S'il l'est, demande-lui de t'épouser et sa réaction me donnera raison, tu verras.

D'accord, plus que surprise tu seras d'être témoin oculaire de mon Mariage.

(Le noir)

Scène II

(Le noir pendant un instant, la lumière apparait à sa suite, un homme mince, chichement habillé, monte sur la scène)

Vraiment, Comment Dieu peut-il créer d'aussi belles femmes qui peuplent le monde et prohiber la fornication ? Je n'arrive toujours pas m'interpréter cela. Actuellement, j'ai un gros souci. Je me demande si Dieu a vraiment refusé la fornication ? En réalité, je ne devrais pas chercher loin. Salomon est l'un des hommes les plus bénis par Dieu. Mais celui-ci avaient plusieurs épouses et une kyrielle de concubines lit-on dans la bible. N'est-il pas possible que je fasse pareil ? Salomon n'est-il pas un bon exemple à suivre ? Il n'est pas allé en enfer à ce que je sache. *(Il réfléchit un instant).* A vrai dire, toutes ces femmes qui viennent suivre mon culte les dimanches me plaisent. Elles toutes sans exception. Aussi, je suis convaincu que beaucoup me portent en estime et ont sans doute du béguin pour moi. Je mettrai alors en place toutes les stratégies pour les connaitre au sens biblique du terme. Je me fous bien qu'elles soient mariées ou non, je n'en ai que cure. D'ailleurs, elles viennent toujours se plaindre ici des petits problèmes avec leurs époux. C'est à croire que le foyer leurs est insipide. Et quand une femme se plaint trop de son mari, c'est que forcement parce que celui-ci ne la consomme pas correctement quand il le faut. Ou peut-être parce que celui-ci loge le diable sa bourse. Dans le deux cas, moi, je suis exempt de souci. Je sais proprement labourer les femelles, et je suis plus encore à l'abri du lux. Bien, désormais mes compétences spirituelles ne feront leur preuve que dans mes voyages extatiques. Voilà, c'est bien ce que je vais faire. *(Il pose son derrière sur une chaise et se mit à somnoler)*

Pasteur, pasteur, pasteur, je vous en prie, secourrez moi, je suis dans un pétrin sans pareil. Je vous prie, répondez moi, c'est votre fidèle Anne, une brebis perdue en quête de salut.

Oui, ma fille, sœur Anne, que le seigneur te bénisse. Quel bon vent t'amène en ce lieu que ma simple présence purifie ? Qui a-t-il pour que tu sois aussi triste et mélancolique.

Oh pasteur, j'ai péché. Un gros et lourd péché. A l'instar de l'enfant prodige dans la bible, je reconnais aussi ne plus être digne d'être nommée chrétienne. Car j'ai péché contre le ciel et la terre. L'iniquité commise m'écœure, je n'en suis pas du tout fière.

Alors, voyons, et si tu arrêtais de tourner autour du pot pour m'expliquer ce que tu as réellement fait, pauvre pécheresse.

Oui pasteur, j'ai bien l'intention de vous exhiber toute la vérité, mais c'est difficile à dire. Je ne sais par où commencer.

Commence juste par ce que tu as fait.

Oui, je parle justement de ce que j'ai fait. Mais je ne sais à quel niveau de ce que j'ai fait, commencer.

Commence par le premier fait, le tout début.

En réalité, le premier fait ayant débuté la longue série d'iniquité, c'est l'alcoolisme. L'on m'a proposé de boire, une invitation. J'ai répondu oui, tout en étonnant l'offreur d'alcool par ma capacité à avaler plusieurs bouteilles. Il était sidéré et n'en pouvait visiblement plus. J'ai bien pu lire dans son regard qu'il croyait pouvoir me battre à plate couture en matière de prise d'alcool. Mais je lui ai démontré qu'un bon preneur de tchoukoutou peut démystifier tous les vins et whisky au monde.

Quoi ! Tu as fait ça ?

Oui pasteur, puisque ceci n'est plus un péché.

Quoi ? De l'alcool a franchi le rubicond de ta gorge pour se retrouver dans ton estomac, passant par l'œsophage, tu veux dire.... Et en plus, tu t'achètes le lux d'affirmer que ça, ce n'est pas un péché ? As-tu perdu le nord ? N'ai-je pas insisté à plusieurs reprises déjà qu'un bon chrétien doit se moquer de l'alcool et que même ses narines ne doivent jamais en connaitre l'odeur ? Ne l'ai-je pas rappelé tous les dimanches au culte.

Sauf, le dernier dimanche, au dernier culte, vous n'en avez plus fait mention.

Et alors ?

Oui, puisque ça n'a pas été rappelé le dernier dimanche, j'ai cru, pasteur, que cette règle était estompée, tombée en désuétude.

Manges-tu quelque chose qui parfois te fait perdre la raison ? Comment peux-tu croire que la règle est démolie, simplement parce que j'en ai plus fait mention. Dois-je alors vous rappeler tous les dimanches les fondamentaux pour être un bon chrétien. Quel type de sacerdoce me réservez-vous ainsi ? Celui de Joseph, de Moïse ou de Jésus-Christ lui-même.

Oh pasteur, veuillez bien pardonner votre fidèle. Je suis vraiment désolée.

Tu as vraiment des raisons de l'être, puisque tu viens là de commettre l'une des plus grosses iniquités. Une que Dieu ne pardonne pas aussi vite. Et à t'entendre, je pressens que ce n'est pas tout. Tu as encore fait de plus sordide et obscène.

Mais, pasteur, n'est-ce pas vous-même qui aviez rappelé dimanche passé qu'à l'aide d'eau, Jésus fit du vin. Conçoit-on du vin sans alcool ?

Mais que vous comprenez très mal les choses, vous. Que Dieu vous donne l'esprit de discernement et de lucidité pour mieux appréhender les choses spirituelles. En effet il faut comprendre que…. Idiote, je viens de te faire une prière, dis Amen, dis le vite, que ça saute.

Oui, oui, oui amen pasteur, amen.

Voilà, ce n'est pas tôt. Je disais tantôt que le paradis a son alcool typiquement paradisiaque. Une sorte d'alcool foncièrement différent de celui terrestre. Comprends donc que ce vin transformé dont je parlais dimanche dernier n'est rien d'autre que l'alcool des anges. C'est celui-là que Jésus, ce jour, leur a offert à satiété.

Ah bon ! L'alcool du paradis ? Et les buveurs n'ont-ils pas remarqué la différence ? Les deux ont-ils le même goût donc?

Vraiment, j'en ai ras-le-bol. Tu poses trop de question. Es-tu ici pour une inquisition ou pour faire expier tes fautes, pécheresse.

Pour expier mes fautes, bien entendu pasteur

Alors parle-moi de ce que tu as fait, au lieu de consommer inutilement mon temps.

Ce soir

Quel soir ?

Le soir là

Lequel, bon Dieu

Celui où je pris l'alcool.

Ah c'était même un soir. Apparemment, je constate que toi, tu n'écoutes vraiment rien de tout ce que je profère à l'église.

Quoi déjà pasteur.

Tu dois avoir une mémoire d'oisillon pour oublier à une telle vitesse. As-tu déjà scotomisé de ta mémoire que je vous ai formellement interdit les péchés vespéraux ?

Non, je ne peux l'oublier pasteur. Mais comme vous venez de le constater, j'ai bien cru après le dernier culte que les choses ont évolué spirituellement et que ce n'était plus un péché. C'est pourquoi, je me suis permis de boire le soir. Autrement, j'allais prendre la précaution de boire mon alcool le matin comme vous l'aviez recommandé.

Non, non madame, là encore, tu interprètes mal ce que j'ai dis. Ouvre bien tes oreilles et écoute maintenant. Je ne reviendrai plus là-dessus. J'ai bien dit que tous les péchés sont à bannir, à éviter de fond en comble. Cependant, il y en, qui sont plus compréhensibles que d'autres. Il y en a qui sont presqu'inévitables. Je m'en veux pour preuve les minuscules mensonges téléphoniques, les petites corruptions, le fait de mettre nu dans son imaginaire un être avec qui l'on copule, penser le mal d'une personne qui vous horripile etc. Voilà autant d'iniquité, difficile à abandonner. Plus difficile que le vol, plus aride que l'assassinat, plus coriace que l'adultère. Il y a donc des péchés que tout le monde fait, y compris moi-même. Mais cela n'exclut pas le fait que ces iniquités sont aussi graves comme toutes les autres. Et puisqu'ils sont comme tous les autres péchés, je vous ai conseillé, de les commettre s'ils se présentent, et que vous en êtes contraints, le matin, et de tout faire pour implorer pardon le soir avant de fermer l'œil. C'est une manière d'expier ses fautes de façon journalière, « Dévier un peu les matins, et demander pardon le soir avant la tombée de la nuit ». Mais je le réitère, il faut recourir à cette stratégie uniquement en cas de force supérieure, c'est à dire de grande urgence. Aussi, le risque de cette méthode s'avère que si tu meurs avant le soir du pardon, tu vas tout droit enfer. Comprends donc que je n'ai jamais dit qu'il fallait commettre toutes les iniquités le petit matin et en demander pardon le soir. Je ne l'ai jamais dit…

C'est bien compris pasteur. Déjà je me demande si on ne peut pas aussi compter l'alcoolisme parmi les péchés presqu'inévitables. Figurez-vous que lorsqu'on en prend le goût, l'on ne délaisse plus aucune bouteille. N'est-ce pas aussi une iniquité à l'instar que celles citées tout à l'heure par vous-même.

Quoi, détrompes toi illico-presto. Mais, je flaire l'impression de ne plus parler à une femme là. Comment une future mère de famille peut-elle avoir un penchant si intense pour l'alcool ? C'est juste inimaginable. Ton mari sait tout ceci.

Bien sûr, il est d'ailleurs plus percutant que moi en la matière. Il me bat vertement, et à plate couture quand il s'agit de remplir l'intérieur de bière, de vin ou de whisky.

Ah ! Pourquoi ai-je même posé la question, quand on sait que qui s'assemble se ressemble et qui se ressemble s'assemble. Vous constituez un couple de buveur. Mes prières ne manqueront plus désormais d'aller à votre endroit, au risque que vous ne perdiez finalement la foi même de vous rendre à l'église. Ce que j'entends me déçoit. En fait, mes oreilles commencent par souffrir. Anne, déballes le reste de ce qui t'amène, faudrait que j'aille en présence de Dieu demander pour toi et ton époux, le pardon.

Père…

Oui ma fille.

Je veux bien vous dire ce que j'ai fait, mais cela doit rester entre nous, un secret.

Je vois. Tu voudrais alors me faire porter mes oreilles de confessions n'est-ce pas ?

Comme vous le voulez, n'importe quelles oreilles si cela vous chante. L'essentiel, c'est qu'il ne faudrait pas que le pot au rose soit un jour dévoilé.

D'accord, là je me mets dans la peau des prêtes pour écouter ce que tu as à dire. Tu peux parler ma fille, parle sans crainte.

Père, encore une chose, dites moi père, j'aurais appris qu'il y a beaucoup de femmes dans la bible qui ont cocufié leurs époux et qui finalement sont allées au paradis. Es-ce vrai ? Enfin j'espère vivement que ça l'est.

Non ma fille, mais qui t'a raconté cette aberration ? Jamais de la vie. Celui qui t'a mis ces incongruités dans la cervelle t'a-t-il donné des exemples probants ? T'a-t-il donné le nom de ces femmes ? Quelle intoxication ? Quelle abomination ? Donc après avoir fini de mentir sur le compte des Hommes, des gens se sont maintenant octroyés pour mission de donner mauvaise lecture, malencontreuse interprétation à la bible. Que c'est dommage pour notre siècle. Quoi, tromper son mari et aller au paradis, depuis quand ?

(Anne se mit à couler des larmes)

Mais qu'as-tu ma fille ? Pourquoi cette grande tristesse tout à coup ? Elle pleure même quoi. Que t'arrive t-il ? Parle-moi ma fille ?

(Les pleurs s'intensifièrent, de grosses gouttes de larmes giclaient des racines de ses yeux)

Mais cesse de pleurer, toi aussi. Explique-moi ton problème et ensemble on trouvera une solution, pas la peine de délayer ton visage, ma chère.

Pasteur, vous dites qu'aucune femme dans la bible n'a cocufié son mari et est allé au paradis, c'est bien ça.

C'est bel et bien, ce que je te dis. Aucune ! Toutes celles qui ont tenté le coup se sont très vite retrouvées dans la grande géhenne.

(Elle se remit à pleurer)

Mais arrête de pleurnicher comme un bébé qui réclame son lait, voyons. Ici, ce n'est pas une maternité, je te le rappelle. Encore que je ne sais pourquoi, tu mouille le sol de tes larmes de crocodile. Maintenant, je commence bien par perdre le souffle de la patience. Parle et va t-en, sinon va t-en sans parler. La prière me convoque.

Pasteur, et les femmes de la bible dont on a abusé sexuellement parce que les ayant saoulées ....Sont-elles allées au paradis ?

A dire vrai, je ne pense pas qu'il y ait ce genre de cas dans la bible. Attends laisse moi réfléchir un peu. *(Un moment passa)* Sincèrement ma fille, ce cas ne figure pas dans la bible. Pas à ma connaissance en tout cas. Mais le viol ne peut empêcher la victime de rencontrer Dieu, une fois ses jours vitaux expirés. Elle sera pardonnée parce que le viol s'est fait par forcing, indépendamment de sa volonté.

Et l'abus pasteur.

L'abus et le viol se rejoignent, néanmoins, tout dépend des conditions dans lesquelles l'événement se produit. Es-ce un abus provoqué, à volonté, forcé, prémédité etc.... Pour Dieu, ces détails comptent beaucoup dans ce genre de cas.

Abus désintéressé précédé d'une erreur venant de la victime, erreur occasionnant l'abus.

Et quelle est la nature de cette erreur ?

Bien, supposons que l'erreur, c'est d'avoir beaucoup bu au point de tomber dans un état d'ébriété total.

Avoir beaucoup bu ?

Oui, avoir trop bu pasteur....

Bu quoi ?

Du whisky par exemple.

Du whisky ? De qui ? Acheter par qui ?

Pasteur, tout cela compte-t-il pour déterminer si oui ou non la victime ira au paradis ?

Bien sûr que oui figure toi. Tout dépend de tout en ce qui concerne le ciel. Les circonstances de la faute ou du péché importent fort beaucoup. Il ne suffit pas d'arguer, « ils ont abusé d'elle, ils ont abusé d'elle ». Qu'a-t-elle fait pour que l'abus ou le viol soit de mise ?

D'accord pasteur. Et si l'on supposait une femelle, invitée par certains hommes qu'elle connaissait à peine. Ceux-ci l'ayant invitée à prendre quelques bouteilles. Sur les lieux, elle constate que ces derniers sont pleins aux as, et qu'ils sont à même de vraiment dépenser. Voyant cela, elle voulut faire saigner leurs poches en commandant beaucoup de présent, un peu de tout ce que croisait son regard. Tout à coup, ces hommes lancèrent une compétition de meilleurs buveurs et l'incitèrent à y participer afin de rentrer avec des millions qu'ils lui donneront gratuitement. Emerveillée par l'offre, pensant à sa misère quotidienne et à son époux qui loge de diable dans sa bourse, cette jeune femme, se mit à verser dans l'estomac le liquide de whisky sans retenue. Ayant entendue quelque part que pour bien boire il faut à des moments donnés, se lever pour vider sa vessie, et que les bons soulards urinaient beaucoup, elle se leva trois fois de suite pour se soumettre à l'exercice. Tout allait bien jusqu'à la troisième fois, même si sa vue faisait farandole comme si elle allait s'éclater à terre. Mais elle résista. Au retour des toilettes, la troisième fois, les trois hommes avec qui elle était à table lui demandèrent de continuer à consommer le whisky et qu'elle était déjà très proche des millions. Naïve, elle continua d'avaler les verres l'une après l'autre jusqu'au moment où elle s'écroula à terre et perdit la tramontane. Le lendemain, au petit matin, elle se retrouva toute nue dans les toilettes, avec des courbatures sur le corps, surtout avec des lésions au niveau de la partie intime, la vulve malmenée, chiffonnée comme jamais, le tour couronné par cette dérangeante impression d'avoir été soulevée, baisée, violentée toute la nuit durant. Autour d'elle, elle vit ses vomissements étalés en grande quantité. *(Un moment de silence court et passe)* Alors pasteur, une telle fille, dites-moi, es-ce de sa faute cet abus, ce viol ? Ne mérite-t-elle pas le paradis ? A-t-elle fait quelque qui puisse compromettre sa place au ciel ?

Es ce qui c'est passé ?

Quoi s'est passé pasteur ? Je vous donne un exemple parmi tant d'autre. Ce sont des choses qu'on entend se passer tous les jours, voyons.

(Il affiche un rire sarcastique) D'accord, d'accord ma fille je comprends mieux maintenant.

Vous comprenez ? Vous comprenez quoi…

L'exemple imaginaire donné par toi-même à l'instant, bien entendu.

Bien, c'est essentiellement bien de comprendre que c'est juste un exemple.

Oui, oui bien sûr, j'en comprends parfaitement le sens. Comment puis-je ne pas comprendre une histoire aussi limpide et clairement exposée.

En effet, comprenez-la surtout dans le sens d'ordinaire vécu au quotidien.

Oui, oui, tout à fait.

Voilà, dites-moi maintenant. Es-ce la faute de la jeune fille. Elle n'était pas consentante, je le précise.

Oui, oui, je comprends, c'est-à-dire que pour les millions, elle était consentante. Mais lors de l'abus, elle était tombée évanouie.

Oui, et surtout, elle ne voulait pas en arriver là.

Non, mais comment peux tu savoir toi, qu'elle ne voulait pas en arriver là, si elle était en syncope. Qui sait si oui ou non, c'était ça son plan ? Celui de tomber en syncope et de se faire proprement abuser ? Comment peut-on vouloir l'argent d'un inconnu, et ne pas vouloir le sacrifice qui suit l'argent. Peut-être bien qu'elle voulait que tout se termine ainsi. Je pense qu'elle souhaitait qu'on abuse d'elle inconsciente, afin qu'elle puisse justifier auprès de son époux, si l'incident s'ébruitait, qu'il était question de viol. Je ne peux comprendre qu'elle puisse croire bêtement qu'on allait laisser à sa portée des millions juste pour avoir bu. Quelle drôlerie !

(Elle prend le mors aux dents) Merde pasteur, je vous demande de supposer que la fille n'en savait rien et qu'elle n'avait pas imaginé qu'ils allaient profiter d'elle. Analyser la situation comme telle, et dites-moi si elle sera punit divinement pour le compte de l'abus ou non. C'est tout ce que je vous demande pasteur.

Et je te répète que dans une telle condition, la fille dont tu parles a bien voulu ce qui lui est arrivé.

Non pasteur, elle ne l'a pas voulu.

Elle l'a voulu, je te dis.

Et moi je vous dis non.

Et moi je te dis oui.

Et moi non.

Et moi oui.

Et moi non.

Et moi oui.

Merde ! Quelle tête de mule. Je vous réitère, pasteur, qu'elle n'en avait pas idée.

Moi, le pasteur, qui explique l'invisible, je te dis que c'est prémédité.

Pfff, bien, pasteur, considéré qu'une telle chose s'était passée avec moi. Auriez-vous dit que j'ai voulu qu'on abuse de moi ?

Allais-tu penser que l'on pourrait te donner des millions sans rien en retour ?

Possible.

Possible, allais-tu vraiment croire cela ?

Oui, puisqu'on me dit de simplement boire pour avoir des millions, et je suis une bonne buveuse de tchoukoutou et de sodabi. Si c'était moi, j'allais vite boire et prendre cet argent.

Alors, puisque toi, tu es une héroïne en alcoolisme, tu n'allais jamais t'essouffler, et il n'y aurait pas d'abus, ni de viol. Je ne peux donc penser cela de toi. Je considère qu'en présence d'une telle situation, tu sauras prendre tes précautions pour ne pas te laisser labourer faute d'alcool par des inconnus.

Ma doléance est pourtant simple pasteur. Mettez à ma place, une jeune fille non habitué à l'alcool. Une qui tente sa chance pour marquer un point final à la disette mais que l'on viole par la suite ainsi, sans finalement lui gratifier le moindre copeck. Pire, téléphone volé, porte monnaie emporté, vertement de lux lacéré, chaussure bourgeoise emportée.

Quoi ? Donc, ils ne t'ont finalement rien laissés. Que dis-je ? Ils n'ont rien laissé à la jeune fille ?

Rien du tout père, absolument rien. Ils l'ont juste soulée, abusée d'elle et fait disparaitre tous ce qu'elle avait gardés de précieux.

Bien, ma fille, approche. Je vais être franc avec toi. Même si cette fille n'avait pas prévu que les choses tournent ainsi, même si elle n'a pas été consentante lors des abus, elle a quand même sa part de responsabilité dans ce qui s'est passé, et cela constitue quoi qu'on dise, un gros péché. Désolé de te dire qu'elle ne pourra voir Dieu.

Et pourquoi pasteur ?

Enfin, pourquoi comment ? Ne s'est-elle pas elle-même mise en état d'ébriété, de non défense. Quelqu'un l'a-telle obligé à boire autant ? Le viol se confirme par les efforts que la femme fait pour repousser son violeur. A l'antipode, elle est restée passive pendant l'acte, je parie même que les trois hommes ont eu chacun leur tour de plaisir en la surissant de partout.

Arrêtez moi ça, pasteur, j'en ai assez. J'ai eu ma dose pour aujourd'hui.

Ta dose, quelle dose ?

Merde !

Enfin, je suis toujours à l'écoute. Tu ne m'as toujours pas dit ce que tu as fait.

Si vous n'avez rien compris tant mieux, je rentre *(Elle fait des pas en avant)*

Mais non, ma fille. Tu sais, il y a une thérapie pour que cette femme imaginaire violée puisse conquérir pardon et grâce aux yeux de Dieu.

A bon ! Vous êtes sûr pasteur ? C'est sérieux ?

Oui, oui, très sérieux. Il y a un moyen.

Lequel pasteur ?

C'est compliqué.

Dites-moi pasteur, je le ferai… Plutôt elle le fera.

D’accord, je vais te le dire.

Oui, je vous écoute pasteur.

Puisqu’elle a couché avec des pécheurs comme elle, et qu’ils ont dû surement contaminer son organisme, remplissant celui-ci des gènes et virus infâmes, il serait bien qu’elle soit visitée par le zizi d’un homme de Dieu. Mais après, cet homme de Dieu doit lui-même faire 7 jours de prière et de jeûne afin de ne pas être contaminé à son tour. Le phallus du serviteur de Dieu aura pour but de la purifier de l’intérieur, de l’arroser des spermatozoïdes saints. Et comme ça, elle sera toute purifiée et ne commettra plus l’iniquité. Tu n’es pas sans savoir que la meilleure façon de se faire pardonner par Dieu, ce n’est pas de demander pardon, mais plutôt de ne plus refaire ce qui oblige à chaque fois demander pardon pour se faire pardonner. Voilà la seule, l’unique solution ma chère. Pas quatre, pas trois, pas deux, c’est l’unique.

Voulez- vous dire qu’un pasteur doit alors prendre son pied avec elle.

Oui, mais en le faisant, ce ne sera pas lui-même qui le fait, il sera guidé par un esprit supra terrestre. C'est cet esprit qui absorbera tout le plaisir, si plaisir, il y en avait. Il se servira juste du corps et du phallus de l'homme de Dieu pour faire le travail.

Une question, pasteur.

Oui.

L'esprit saint ou l'esprit supra terrestre ne peut-il pas se servir du corps et du pénis de son mari pour la purifier.

Sacrilège ! Tu demandes au saint esprit de venir abriter le corps de ton soulard de mari ? Enfin que dis-je, le corps impur du mari de la jeune femme ? Combien de fois prie-t-il par jour pour que le saint le visite. A l'exception des hommes de Dieu, et surtout, pas n'importe lequel, je conseillerai plutôt le pasteur et tuteur spirituel, c'est-à-dire, celui à qui elle expose souvent ces problèmes spirituels. Seul ce pasteur mentor peut recevoir en son sein, l'esprit capable de la délivrer.

(Toute émue) C'est compris pasteur. *(Elle prit la voie et s'en allait)*

C'est compris et puis quoi ? T'en vas-tu ?

Oui pasteur.

Et pourquoi ?

……….

Voilà, l'erreur que vous faites. Tu es venue, jusqu'ici, et tu ne m'as plus confessé ton péché afin que je te dise la conduite à suivre. Sache que la fin du monde est proche et bientôt la trompette évoquée dans la bible sonnera. Tu comptes partir, n'es-ce pas ? Pars sans expier ton péché et tu verras comment l'enfer t'accueillera une fois que la vie aura échappée ton corps.

(Elle se remit à pleurer, cours et vint s'agenouiller au pied du pasteur) Père, je vous ai déjà tout dit, et je sais que vous n'êtes pas si naïf pour ne rien comprendre. Cette femme imaginaire, c'est moi. Voilà ce qui m'est naïvement arrivé à

cause le l'alcool. Je vous jure que la faute revient à l'alcool et je n'ai en aucun cas prémédité tout cela.

Je te comprends ma fille, lève toi. Un vieillard assis voit plus loin qu'un jeune debout dit-on. C'est vrai, je ne suis pas aussi vieux, mais je peux t'assurer qu'un pasteur est comme un vieillard sinon plus qu'un vieillard, un sage tout simplement. Quelque soit l'âge de ce pasteur. Le problème que tu as posé n'est pas si grave. Il requiert la seule solution que je viens de te donner, et si tu fais vite, très rapidement tu seras purifiée et tout ça ne sera qu'un mauvais souvenir à enterrer et à oublier. Dépêches toi seulement pour qu'on fasse ce que doit.

On ?

Oui, je veux dire l'homme de Dieu et toi, et j'en suis un. D'ailleurs, il te faut celui qui connait très bien tes problèmes. Et moi je les maitrise comme ma poche. N'oublies pas que c'est moi qui ai célébré ton mariage à l'église ? Je suis donc le mieux placé pour régler très vite, et spirituellement ce malentendu avant que ton mari ne s'en aperçoive.

Et c'est justement cela, qui me dérange.

Quoi donc ?

Le fait que c'est vous qui aviez célébré mon mariage et que vous êtes aussi ami à mon époux.

Et alors ? Raison de plus pour que je garde la mutité une fois que tout sera fait. Un autre homme de Dieu pourrait, après avoir jouir, continuer à te harceler, à te contraindre à une double vie, sinon tout dévoilé à ton époux. Pense à ça.

Un homme de Dieu ferait ça ? Et d'ailleurs, n'avez-vous pas dit tout à l'heure que c'est l'esprit qui jouira et non la chair de la personne utilisée ? J'avoue ne plus rien comprendre là.... Qui jouir finalement ?

(Il se gratte la tête) Tu m'écoutes plus que moi-même finalement.

Oui, c'est important de savoir.

Voilà, comme je te l'ai dit, c'est bien l'esprit qui jouir. Mais la perfection n'étant pas de ce monde, un autre homme de Dieu pourrait te trahir et dévoiler après ce qui sera fait en catimini. Alors que cette cérémonie en est une qui se déroule dans la toute totale discrétion.

C'est compris pasteur.

Alors, on se met à l'œuvre ?

Maintenant ?

En même temps n'est-il pas mieux puisqu' il faut battre le fer quand il est chaud.

Déjà là ?

Oui, oui.

Tout de suite là.

Mais oui voyons. Pourquoi laisser perdurer en ton sein le diable pendant longtemps ?

Donc, on va le faire maintenant ?

Oui, oui.

Avez-vous vu l'heure pasteur ?

Oui, *(il jette un coup d'œil à sa montre à main)* il s'en va être 18h.

Et ?

Et quoi ?

Mais n'avez-vous pas vous-même dit qu'il ne faut pas commettre d'iniquités le soir ? Et que si on se sentait dans l'obligation d'en commettre une, le cas d'à présent, de toujours privilégier le matin et d'en demander excuse le soir. Il est vrai que ce que nous nous apprêtons à faire vise à me purifier, mais cela n'en demeure pas moins que je cocufie une fois encore mon mari. Et c'est un péché que je dois, comme vous l'avez enseigné faire dans la matinée, et attendre le soir pour m'en excuser avant de fermer l'œil.

(Irrité, il soupire longuement) Si je comprends bien, tu veux ainsi reporter ta délivrance à demain matin.

Comme enseigné par vous-même pasteur.

D'accord, si tu gardais autant mes paroles, tu n'allais pas te faire déchiqueter l'entre-jambe par trois gaillards. Que Dieu te pardonne néanmoins. Mais ne l'oublie pas, je te veux ici, demain très tôt le matin pour boucler cette affaire afin de très vite entamer ma pénitence de prière et de jeûne d'une semaine. Allez du vent.

Merci pasteur, au revoir, passez belle soirée

Oui, oui, oui au ravoir, vas-y. sois surtout à l'heure demain.

(Elle pressa les pas et quitte la scène)

Merde, cette femme a tout fait pour me recaler aujourd'hui. Mais je ne la raterai pas demain matin. Et dire que j'en parlais tout à l'heure. Je les aurais toutes. *(Il se mit à sourire, recommença à somnoler, le noir)*

Scène III

Pasteur, pasteur, pasteur.

Oui, qui est-ce ?

C'est moi pasteur, c'est moi, je me prénomme Fériole.

Fériole, Féri, comment vous portez-vous.

Super bien, Pasteur.

Ça ne peut en être autrement.

Ah bon ! Et pourquoi ?

Le pourquoi trouve sa réponse logée dans vos rondeurs éléphantesques.

Rondeur, vous en constatez ?

Bien sûr que oui, Madame Fériole, vous êtes toute ronde, avec des parties corporelles intéressantes, surement douce comme la viande de porc.

Viande de porc ? Vous en consommez, pasteur ?

Et pourquoi pas ? J'en raffole même. Suis pas fils de Mohamed moi, non plus comme tous ses putatifs serviteurs qui en prennent en tapinois avant de se rendre à la mosquée. Beaucoup d'entre eux, vénèrent la consommation de la viande de porc comme unique moyen de profiter à belles dents des douceurs de la vie. Le reste, c'est caleta, la suite, ce n'est rien que du folklore.

Insinuez-vous là que les serviteurs d'Allah prennent la viande porc ? Les imams aussi ?

J'en rencontre beaucoup au QG, ingurgitant une quantité importante de cette viande qu'ils crient à la mosquée tambours battant comme synonyme du diable. Seulement, avant de s'y rendre, ils prennent les précautions pour ne pas se faire identifier, ou tout simplement, ils en commandent aux tiers.

Mais, s'ils sont aussi aux aguets, comment savez-vous tout ceci alors ?

Hum, d'abord, dis-moi, je ne te connais pas, ma bouche pleut déjà beaucoup trop de secrets, de vérités. Annonce moi qui tu es, et vite. Je ne me souviens pas te connaitre, encore moins avoir un jour flairé ton regard dans mon église.

On dirait bien que vous avez raison pasteur. Aussi, l'exactitude de votre mémoire me séduit.

Séduire, sais-tu que ce verbe ''séduire'' me séduit aussi ? Sentimentalement, c'est un verbe, annonciateur de bonnes nouvelles.

Bonnes nouvelles ? Laquelle nouvelle par exemple.

Exemple ! L'amour, un parmi tant d'autres. J'espère bien que tout sur moi te séduira tout à l'heure et que tes jambes seront bientôt toutes en l'air pour un passage rapide.

Quoi ! Que dites-vous ?

Je ne dis rien d'autre que ce qui est tombé dans tes oreilles. Que je compte te séduire davantage, comme Jésus m'a séduit aussi.

Jésus vous a séduit ? Jésus est-il un séducteur ?

Evidemment, n'avez-vous jamais entendu la chanson ?

Oh Jésus oooh

Tu m'as séduit oooh

Jésus oh, je t'aime oooh

Malgré mes péchés ?

Tu as accepté mourir pour moi ooh

Mais quelle insanité dites-vous pasteur, quel contre sens ? Comment Jésus peut-il séduire ?

Mais c'est ce que dit la chanson, tu peux la télécharger et l'écouter sur Youtube.

Mais ça ne tient en rien tout ceci. Séduire est un verbe péjoratif, son sens l'est aussi. Séduire vient du latin seducere, qui veut dire enlever du droit chemin, dévoyer. Jésus enlève t-il quelqu'un du droit chemin ?

Et comment toi tu connais tout ça ? Es-ce toi, la grande mère du verbe séduire, pour savoir que son géniteur est seduiicheléé é ?

Seducere, c'est le latin. Et séduire en provient. Le latin est l'ancêtre du français.

Bon, Bon, arrêtons tout ça, que ça soit le latin ou le français, bien parler une langue n'a jamais fabriquer une tonne de ciment, surtout la langue française avec ses complications inutiles. Une langue aussi complexe que le cœur ses aborigènes.

Néanmoins, il faut savoir bien la parler, autrement, on prête de fausses intentions à Jésus qui n'a jamais daigné séduire quelqu'un.

Oui la leçon est comprise, maintenant, tu es qui et quel préoccupation t'amène, madame Fériole ?

Mademoiselle, s'il vous plait.

Peu importe.

Non, ça importe beaucoup. Toutefois, si vous comptez précipiter mon mariage, je vous accepte tout de go comme époux.

Quelle mauvaise blague faites-vous là ? Soyez sérieuse madame, mademoiselle, au temps pour moi…

Blague, ai-je l'air d'un histrion ? Pourrais-je blaguer sur un si sérieux sujet en ce temps où les mariages se comptent du bout des doigts. Pardon, pasteur, si vous êtes love, rentrer dedans seulement, je vous en donne carte blanche.

Mais, Fériole, vous êtes sérieuse là.

Oui, très sérieuse.

Donc on peut commencer ?

A votre aise, pasteur.

(Il sursaute, enlève sa chemise)

Mais pasteur, que faites-vous ?

Les abécédaires pour rentrer dedans comme tu l'as dit, bien sûr.

Dedans, dans quoi ?

Comment dans quoi ? Tu viens de me donner carte blanche pour rentrer dedans n'est-ce pas ?

Oui, mais dans quoi ?

Dans ton arrière train, pour que nous célébrions le corps bien sûr.

Quoi ?! ***(Elle glousse d'un rire sarcastique)*** Déjà ? Le temps passe vite chez vous, je constate. Carte blanche, mais pour ? Pour, bien entendu, m'exhiber vos talents de dragueurs pour que je réfléchisse à propos, disais-je. Mais là, je vois que votre corps est déjà à moult degrés, exciter de me faire passer à la casserole. Pasteur, rien ne se gagne aussi vite.

Mais fallait parler clairement jeune fille ! Tu sais, l'esprit qui m'anime à l'instant là où je te parle est un esprit de fortune, de paix, de gloire et de prestige. Un seul canal de transmission lui est commode, c'est celle par laquelle l'on transmet la vie. Ecoute bien ceci, toute femme qui recevra un peu de cet esprit fondu dans mon liquide blanc, plus jamais ne manquera de quelque chose. Il est semblable à cette eau de vie dont parla Jésus à la femme samaritaine, disant que "Quiconque boira cette eau n'aura plus jamais soif".

Hum, êtes-vous convaincus que cette femme n'a vraiment plus jamais eu soif avant de trépasser ?

Evite de comprendre charnellement les choses, ma fille. Ce qui s'est passé ce jour là fut spirituel et non charnel.

Et pourquoi le canal de transmission avec vous est charnel et pas spirituel ?

Avec Jésus non plus, les canaux de transmission n'ont pas été spirituels. Enfin, il faut être fidèle à l'histoire, beaucoup ne l'ont pas été, je l'avoue. Mais rappelles-toi que pour guérir, Jésus touchait les convalescents, tout en priant. Pour ressusciter, il posait ses mains sur les morts aussi. Sache donc que tous les canaux ne sont pas spirituels, beaucoup sont tributaire du contact. Et un contact plus frottant et jouissant est à la faveur un miracle plus efficace. Ma fille, ne loupe jamais la chance de recevoir en toi cet esprit bienfaiteur.

C'est d'accord, pasteur. Mais dites moi, si nous finissons de faire l'amour, me feriez-vous la cours après? Afin que je n'ai pas l'air d'une fille facile.

Oui, oui, je te ferai la cours bien après. Procédons par la pyramide renversée.

Vous me payerez la dot aussi ?

La dot, la dot, la dot est un piètre simulacre. Tu le sais, j'espère.

Simulacre ? Comment ça?

Ne sais-tu pas que c'est la femme même qui paye sa dot et invite après son homme à venir rendre les présents aux parents, faisant semblant d'avoir lui-seul tout dépensé.

D'où Jésus !

Ah oui ! N'as-tu jamais su que c'est comme cela ça se passe ?

Non, jamais.

Mais, c'est ça, figure-toi ... Donc pour la dot, quand, tu auras fini d'acheter toi-même, tes pagnes, tes bijoux et tes assiettes, tu me les remettras pour que j'aille les rendre à tes parents es-qualités de ta dot.

Non, si ce n'est que comme cela, ça se passe, alors, je veux plus de dot.

Quoi ! Et pourquoi?

J'en veux plus, je dis.

Et pourquoi ? Es-ce à cause du coût ?

Bien sûr, Je ne pourrai jamais mo -même acheter tout ce que je désire pour ma dot. Même vingt années de mon salaire cumulé ne peuvent acheter tout ce que je souhaite pour me doter.

Quoi ? Est-ce 300f ton salaire le mois pour que 20 années de cumul ne suffisent ? Ou tu voudrais d'une dot qui coûte la peau des fesses. Une qui soit composée de deux maisons sous-sol et d'une villa aux carreaux miroirs.

Bien, multiplie tes 300f par cent et tu auras mon salaire. Par ailleurs, ce qui rend ma dot couteuse, c'est la limousine, ma caisse de rêve. Mais puisque vous dites que ce sont les femmes mêmes qui achètent tout et font mines d'être entrain de recevoir quelque chose. Mes rêves s'effondrent d'emblée. Moi, qui naguère enviais ces jeunes filles qui recevaient brillamment leur dot. Pensant qu'elles recevaient des cadeaux gratuitement.

Vois-tu ? C'est en cela que je ne cesserai jamais de clamer que les femmes sont des opportunistes et de vraies arrivistes. Toi, tu as très bien conscience que ton salaire en des années successives, rassemblé de bout en bout ne peut prendre la limousine dont tu rêves. Néanmoins, tu comptes par le biais de ta famille l'exiger au gentil monsieur qui va demander ta main. De l'opportunisme à outrance avec cette histoire de dot. Saurait été à moi, la charge de payer ta dot, tes parents exigeraient donc une limousine… Vous risquez ne plus trouver de mari dans ce monde si vous persistez avec cette histoire de dot.

Non, non, ne t'en fais pas. C'est déjà oublié la dot, j'en parle plus. Epouse moi seulement, c'est actuellement tout ce qui me porte à cœur. Sincèrement j'ai besoin d'un mari, et c'est la raison pour laquelle j'étais d'ailleurs venue te voir pour demander prière.

Ne t'en fais même plus. Sans que je n'aie à prier pour toi, Dieu est déjà à ton secours. Fais désormais comme si tu as déjà un mari…

Vraiment, pasteur. Qui ? Vous, j'espère bien.

Dieu nous en édifiera davantage après l'acte.

L'acte ?

Oui l'acte. Ne me dis que tu l'as oublié ? Même notre lecteur (auditoire) se rappelle qu'on avait entreprit faire quelque chose pour que tu puisses rentrer en possession de l'esprit de gloire, de richesse et de paix.

Ah oui, oui pasteur, je ne l'oublie pas. Mais puisqu'il se dessine à présent que vous serez mon époux. Et, vous mon futur époux détenez déjà cet esprit grandiose. Est-il encore nécessaire de me le transmettre ? Puisque l'esprit est déjà dans le couple, on en jouira tous les deux sans que tu n'aies besoin de m'en donner aussi. Par ailleurs, nous savons tous que c'est l'homme, le chef du foyer. A cet effet, toute la gloire, la richesse et tout ce que peut offrir cet esprit feraient mieux de rester à toi seul. Une femme avec un si grand pouvoir peut nuire son foyer. Je préfère alors rester ainsi pour que tu gardes ta suprématie d'homme, de chef de foyer, avec tous les honneurs de cet esprit.

T'entends-tu parler ? T'écoutes-tu un tout petit peu ? A cette époque cruciale du monde où tout le monde réclame parité, toi, tu continues de tenir ce discours phallocrate. Au fond, l'homme vous devient chef de famille, uniquement lorsqu'il s'agit de prendre des risques, d'aller suer pour ramener de la pitance. A ces moments, vous admettez foncièrement la primauté de l'homme dans la création de l'humain. A l'absence des risques, des difficultés, la suprématie masculine est foutue à la porte pour laisser terrain à la parité, qui se réclame à tue-tête mais demeure inféconde.

Mais qu'ai-je déjà dit de tuant ? Moi j'estime que l'homme est chef en tout. Je ne me colore pas aux discours féministes.

Arrête moi ça, tu ne penses nullement ce que sort ta langue.

Absolument, peu importe, puisqu'on se mariera, tu peux déjà bien conserver l'esprit pour le couple. Je ne suis pas forcément tenue de l'avoir aussi.

L'excès de viande a-t-il déjà rendu insipide une sauce ? Si tu l'as et je l'ai aussi, et on se marie ? Ça pourrie quoi ?

Rien du tout, mais je t'ai dit qu'une femme avec des pouvoirs est nuisible pour son foyer. Par conséquent, j'en veux plus maintenant que j'ai trouvé un mari.

Alors là, je t'épouse plus, je suis plus ton mari. Écarte tes béquilles pour que je te donne le présent à présent.

Quoi ? Tu m'épouses plus ?

Oui, je t'épouse plus, puisque tu ne veux pas du pouvoir de la bonté, de la gloire. Que vais-je foutre avec une femme qui n'a aucune ambition ?

Ah non, plus maintenant, je viens encore de transformer d'avis, j'en veux. Pourvu que tu m'épouses après.

Ça, c'est sans problème.

D'accord, merci par anticipation.

Non, je t'en prie, on peut donc y aller ?

Oui, oui avec plaisir.

(Il se rapproche de Fériole et tente de la déshabiller. Celle-ci fait deux pas en arrière)

Mais, pas si vite. Pour aller plus vite, que chacun s'occupe de se débarrasser de ses tuniques. On fera un jeu, si tu veux bien.

Lequel ?

Un jeu très passionnant et très simple. On est sur le point de se connaitre au sens biblique du terme. Au préalable, nous n'avons pas défini le nombre de tours à faire, encore moins pendant combien de temps. Le temps, lui, il est incertain. Il est tributaire de tes consommations sucrées et de tous ce qui entravent à la bonne durée d'un voyage orgasmique satisfaisante. Mais parlant du nombre de tours, on doit en décider. Alors, si je me déshabille avant toi, je fixe le nombre. Si tu le fais avant moi, tu en décides.

(Le pasteur n'avait même pas attendu qu'elle finisse de parler avant de commencer par se déshabiller. En quelques secondes, il enleva son sous vertement haut et son pantalon, se retrouvant dans une petite culotte. Pendant ce temps, Fériole faisait mine d'ouvrir le premier bouton de sa chemise sans l'infinitésimal succès)

Tarannn ! Je suis nu bien avant toi, sans que tu n'aies pu ouvrir ton premier bouton. Voilà, c'est à moi de décider.

Oui effectivement, c'est vraiment à toi de décider. Décide alors, le cœur tranquille. Je me plierai à ta fantaisie.

Super ! 12 tours me va, comme c'est notre première, je ne vais pas trop te siroter, te biberonner.

Pourquoi pas 22 ? Juste 12 tours, ça l'air d'un travail de débutant, d'un garçonnet qui a encore du lait derrière les oreilles. Je m'attendais à plus venant de toi, vu tes semblants d'abdos.

Ne te fâche surtout pas, nous pouvons aller jusqu'à demain si tu le souhaites.

D'accord, ce serait magnifique.

(Il commence par se rapprocher de Fériole, quand celle-ci poussa à tue-tête un crie.)

Marlaine

Marlaine

Marlaine

(Marlaine sors de nulle part et vint sur la scène, le pasteur, surpris, tiqua, il a peur)

Chère amie Marlaine, Sache que m'écouter au pied de la lettre te sera toujours bénéfique. Vois-tu ce que s'apprête à faire ton pasteur ?

Tu appelles encore cet usurpateur pasteur ?

Mais que se passe-t-il ici ?

Ce que tu ne pouvais imaginer surement. *(Marlaine se rapproche de lui et se met à le secouer)* Idiot, ne m'as-tu pas promis le mariage ? Que veux dire ces gredineries auxquelles tu te soumets à tout vent. Plus insensé, avec des inconnues.

Chérie, elle était venue plaider pour une délivrance. Et il me fallait la secourir séance tenante.

Ce qui t'oblige à t'envoyer en l'air avec elle n'est-ce pas ?

Ma chère Marlaine, tu es loin de comprendre les rouages de la délivrance. C'est que ....

C'est que quoi, pestiféré ? Homme sans pudeur, homme de Dieu pervers et infâme. Incarnation de l'immondicité universelle. Je te hais comme je hais diable, et à lui je t'envoie.

Mais chérie, tu ne comprends pas ce qui ...

Tais-toi ! Et moi qui ai toujours eu de toi un portrait angélique, un profil saint. Tu viens là de jeter de l'huile rouge dans le boubou blanc. Moi qui jurais à mon ami que jamais tu ne me ferais le coup d'une tromperie. Moi, qui insistait avoir enterrée le problème d'infidélité en me mettant avec un Pasteur. Je me rends à l'évidence que mon amie avait raison.

Vous êtes alors amies. C'est donc toi qui as envoyé cette dame me tendre une embuscade. Voilà ! Que je m'en doutais, je le savais, et sciemment, j'ai réagis ainsi pour que tu saches que ce que tu as fait n'a aucun autre nom que la trahison Marlaine.

Trahison ! Trahison ! Et elle est où la trahison ?

Pourquoi as-tu voulu me tester ? Me vérifier ? Vérifier ma sincérité ? Doute-t-on de celui que l'on prétend aimer ? En plus, je ne fais que me plier à une exigence de délivrance….

Arrête moi ça, idiot.

(Tout à coup deux jeunes gens font irruption sur la scène, Anne, accompagnée de son époux tout furieux)

Où est-il ? Où est-il ? Ce putatif homme de Dieu, qui tutoie au quotidien la cime de la haute perversité, de la trahison.

(Il tenta de se cacher, mais le mari le rattrapa, et le roua des coups. Avec lui, Marlaine et Fériole qui lui administraient aussi de violent coup. Tout à coup, il tomba, fit semblant d'être mort. Les coups prirent fin, les donneurs de coup prient peur, essayèrent de le réveiller sans l'infinitésimal succès.)

Bon Dieu ! Qu'allons-nous faire maintenant ?

Qu'allons nous faire ou que vas-tu faire ? C'est toi le premier à commencer par lui administrer des tapes.

Et vous alors ? Vous avez suivi le mouvement, et la mort s'en est survenue. Nous sommes tous coupables.

Il n'y a jamais eu de nous, Moi, je suis son adorable épouse, et voilà mon amie Fériole. On discutait tranquillement ici lorsque vous avez fait irruption dans ma maison et assassiner mon époux. Vous et votre femme êtes coupables de son meurtre. Et je vous dénoncerez à la police.

(Pendant que tous se disputaient, cherchant le coupable, le mort se releva indiscrètement et disparut. Après de forte tension)

Finalement où est-il ? Il était allongé ici, voyons !

Il est où ?

Où est-il ?

Où est-il passé ?

(Tous se mirent à chercher le pasteur et la scène se vide)

Fin

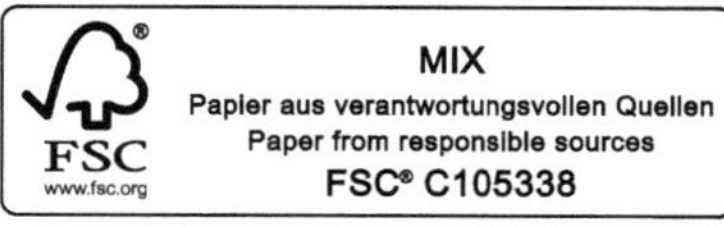

Printed by Books on Demand GmbH, Norderstedt / Germany